기도만 하는 사랑

기도만 하는 사랑

초판 1쇄 발행 2025. 5. 29.

지은이 후추아빠
펴낸이 김병호
펴낸곳 주식회사 바른북스

편집진행 황금주
디자인 김효나

등록 2019년 4월 3일 제2019-000040호
주소 서울시 성동구 연무장5길 9-16, 301호 (성수동2가, 블루스톤타워)
대표전화 070-7857-9719 | **경영지원** 02-3409-9719 | **팩스** 070-7610-9820

•바른북스는 여러분의 다양한 아이디어와 원고 투고를 설레는 마음으로 기다리고 있습니다.

이메일 barunbooks21@naver.com | **원고투고** barunbooks21@naver.com
홈페이지 www.barunbooks.com | **공식 블로그** blog.naver.com/barunbooks7
공식 포스트 post.naver.com/barunbooks7 | **페이스북** facebook.com/barunbooks7

ⓒ 후추아빠, 2025
ISBN 979-11-7263-402-5 03810

•파본이나 잘못된 책은 구입하신 곳에서 교환해드립니다.
•이 책은 저작권법에 따라 보호를 받는 저작물이므로 무단전재 및 복제를 금지하며,
이 책 내용의 전부 및 일부를 이용하려면 반드시 저작권자와 도서출판 바른북스의 서면동의를 받아야 합니다.

하나님 안에서 현재의 시간이
영원한 미래로 약속되기를 소망하며 기도합니다

찬양 기도집

기도만 하는 사랑

후추아빠 지음

바른북스

인사말

♣

선교기도회는
군선교 기도 / 가정 복음화 기도 / 교회를 위한 기도
3가지 제목으로 기도하는 카페 모임입니다.

사랑하는 아들을 군에 입대시키고
아들을 위한 기도가 중심이 되어 시작되었습니다.

비록 미약하지만 위 3가지 기도 제목으로
매일 6회 이상 정시기도와 수시기도로 운영됩니다.

저희들의 기도로 출판한 《기도만 하는 사랑》이
많은 사람들에게 복음이 되기를 기도하며
선교기도회 모든 가족분들께 감사드립니다.

아빠이까

약 20여 년
나에게 *아빠이까*라는 말을 해준 아이가 있었죠

아이는 *아빠이까*가 뭐든 잘하는 *슈퍼맨* 같이
생각하고 신뢰했던 것 같습니다

아빠이까
먹이고 입히며 가르치며 성장하도록 지켜 주었고
사랑을 주었습니다

어느 날
그 아이의 마음에 무엇이 들어가 *아빠이까*를

버리고 떠나가 버렸습니다

아빠이까 버려도 돼 / *아빠이까* 당해 줄 거야
이제는 *아빠이까* 안 할 거야

그리고
*아빠이까*는 홀로 7년을 아파하며 울면서도
아빠이까 말을 할 수가 없었으며
참아야 했습니다

*아빠이까*는
밤마다 그리워하며 아이를 위해 기도했습니다

하나님 아이를 만나 주세요
그리고 *아빠이까*를 다시 믿고 부르게 해주세요

*아빠이까*는
아파도 되고 버려져도 괜찮지만 / 아이는 아파하면
안 되고 버려져도 안 됩니다

*아빠이까*는
하나님을 또 *아빠이까* 부르고 믿지만
아이는 *아빠이까*를 잃어버리면
*아빠이까*가 없습니다

그래서
나는 그 아이의 영원한 *아빠이까*가 되기 위해
내가 쓴 책에다가 *아빠이까*(싸인)를 새깁니다

《7송이의 꽃》은
그 아이를 그리워하며 기도하는 *아빠이까* 입니다

그리고
《기도만 하는 사랑》도 그 아이의 노래입니다
나는 영원한 그 아이의 *아빠이까* 입니다

목차

인사말

아빠이까

기도만 하는 사랑 12
기도만 하는 사랑 2 14
주님 따라가는 길 16
나는 행복해요 18
주기도 송(The Lord's Prayer) 21
내 모습 이대로 주 받으옵소서 23
너희는 서로 사랑하라 26
다시 복음 앞에 섭니다 28
담대하라 30
처음부터 마지막까지 32
엄마 꽃 34
예수가 함께 계시니 36
주를 기다립니다 38
하나님 아버지 마음 40
사명의 길 42
영원한 생명의 주님 44

바다에 뜨는 별　46
더 아름답게　48
주님께 맡기리라　50
그날　52
오늘의 문제는 영원한 미래를 이루는 시간　54
'바램', 노사연　56
두려워 말라 어린 양이여　58
말씀 앞에서　60
홍해 같은 환란이　62
정결한 마음 주시옵소서　64
허락된 고난　66
내 주의 은혜 강가로　69
주님 뜻대로 살기로 했네　71
주님의 사랑　73
더러운 이 그릇을　75
사랑의 송가　77

사랑의 나눔 79
오직 예수 다른 이름은 없네 81
사명 84
나 가진 재물 없으나 86
When I dream 88
아픈 만큼 사랑한다 90
똑바로 보고 싶어요 92
하나님 아버지의 마음 94
예수 내 안에 96
채우소서 98
나의 영혼이 잠잠히 100
주 봅니다 102
나를 통하여 104
내가 예수를 못 박았습니다 106
사나 죽으나 주님의 것 108
예수 그리스도 110
구주를 영접하라 112
벙어리가 되어도 114
들어라 주님 음성 116
십자가의 길 118
성도의 길 120

나 이제 주님의 새 생명 얻은 몸 122
오늘 나는 125
주님께 속한 자 127
그럼에도 불구하고 129
주와 함께 가리라 131
가을의 속삭임(클래식) 133
나의 생명 되신 주 135
주님이 주시는 파도 같은 사랑은 137
아빠는 그래도 괜찮아 139

기도만 하는 사랑

♬ 찬양은 저의 자작곡이며 유튜브에 있습니다.

말없이
표현 없이 기도만 하는 사랑

가슴도
아프고 표현도 하고 싶지만

어쩔 수 없이
기도만 하는 사랑

표현하고
말할 때의 시원함도 있지만

그마저도
참아내고 기도만 하는 사랑

손잡고 싶고
와락 안고 울고 싶지만

그마저도 참아야 하는

기도만 하는 사랑 기도만 하는 사랑
기도만 하는 사랑 기도만 하는 사랑

기도만 하는 사랑 2

2019년 저의 자작곡으로 유튜브에 검색 가능합니다.

◆

말없이 표현 없이 기도만 하는 사랑 ♪ 🎵

아무 말도 하지 않고
표현도 없이 기도만으로 하나님의 때를
기다리는 것은 참으로 힘듭니다

기도 속에 애착을 담아서도 안 되고
오직 간절함만 담아 기도를 합니다

아무리 초연하려 해도 본능을 이길 수 없어
힘이 들 때도 있습니다

죽음 후에
부활이 온다는 것을 알면서도

아무리 죽여도 죽지 않는 것이 생명이며

내가 살아 있다는 증거겠지요

그러나 포기할 수는 없습니다
하나님께서 포기하지 않으시니까요

죽음과 부활도 하나님의 뜻과 때에 있기에
그래서 말없이 표현 없이 기도만 하며
하나님의 뜻과 때를 기다립니다

✝
주님
누구에게나 아무에게 말할 수 없는
간절한 기도가 있겠지요

응답이 없는 답답함 속에서도
어쩔 수 없이 기도만 합니다

이러한 속에서도
하나님의 뜻이 내 뜻이 되기를 기도합니다

주님 따라가는 길
♬ 찬양은 유튜브에 있습니다.

♣

아무리
주를 위해 섬김과 헌신을 드려도 죄송합니다

주시는 은혜는
너무 크고 감사한데 그에 비해서 섬김과 헌신이
너무 부족합니다

성령께서 마음도 주시고
섬김과 헌신의 기쁨도 주시면서 / 나의 필요도
채워주시니 어찌해야 할 바를 모르겠습니다

섬길수록 낮은 곳으로 겸손에 겸손을 더하시며
온유와 또 온유를 더합니다

이 기도를 쓰는 순간에도
감사의 눈물이 흐르고 더욱더 주님을 사랑하며

섬김의 자리로 들어갑니다

지금까지
나를 아프게 했던 사람들을 위해
진심으로 기도하며 사랑을 전합니다

또한
나에게 도움을 주었던 사람들에게 온 맘 다해
기도하며 감사를 드립니다

그 은혜와
그리고 사랑의 기도와 힘으로 형제를 사랑하고
이웃을 사랑하며 주님과 모두의 은혜를
갚겠습니다

주님
이제 나도
건강하게 오랫동안 살면서
주님 가신 그 길 따라가기를 서원하며 기도합니다

나는 행복해요
♬ 찬양은 유튜브에 있습니다.

♣

오늘
오후 찬양 예배 때 드린 곡 중의 한 곡입니다

나는
항상 찬양을 준비하면서 특별한 콘티 없이
일주일간 기도한 내용 중에서 주제를 잡아
찬양 4곡을 준비합니다

그리고
한 곡이 끝날 때마다 중간에 잠시 메시지를
전합니다(열린 예배)

〈중간에 성도님들께 전했던 메시지입니다〉

'나는 행복해요'를 선곡한 이유는
주님으로 인해 너무나 행복하기 때문입니다

주님의 사랑이 내 안에 들어오니
세상 모두가 사랑이 되고 모든 영혼이
사랑이 됩니다

그리고 끝부분의 가사처럼
나는 행복해요 사랑이 샘솟으니
이 세상 무엇이든 채우고도 남아요

정말 그렇습니다
세상적으로는 가진 것 없고 보잘것없지만

내 안에 주님이 계시고
그 사랑이 교회와 마을을 뒤덮고도 남을 만큼
샘 솟으니 행복할 수밖에 없지요

♣

일제 강점기 때 교사이며 독립운동가이고 작가였던
안이숙 여사님의 《죽으면 죽으리라》 저서를

통해 보면 여사님께서도 *세상이 교회*라
말씀하셨습니다

나는 오늘 찬양을 드리면서
내 안에서 샘솟는 주님의 사랑으로 마을을 뒤덮고
세상을 뒤덮을 수 있기를 기도했습니다

†
주님
선교기도회 모든 가족들에게
주님의 사랑이 들어가 마르지 않는 영원한 샘이 되어
가정과 교회 그리고 이웃을 품을 수 있는
사랑의 통로가 되기를 기도합니다

주기도 송(The Lord's Prayer)
♬ 찬양은 유튜브에 있습니다.

♣

약 30년 전
나는 자신에게 스스로 질문을 했습니다

어려운 이웃 돕기에 돈을 낸다면
아깝지 않은 마음으로 얼마나 줄 수 있을까
나의 대답은 백만 원이었습니다

그리고
10년 전쯤 또 질문했습니다
지금 천만 원이 있다면 어디에 쓰겠는가

나에게 천만 원이 있다 해도
누군가 필요한 사람을 위해 보관할 것입니다

최근에 또 스스로 질문했습니다
수중에 얼마의 돈이 있으면 든든할 것 같은가

난 항상 20만 원만 있어도 마음이 풍성합니다

♣
오늘날 우리에게 일용할 양식을 주시고

광야에서
일용할 만나와 메추라기를 공급하신 것처럼

지금 나에게는
일용할 양식이 있고 돈은 지금 쓸 곳이 없지만
자동차 기름값 정도는 있어야 복음을 위해
달려갈 수 있기 때문입니다

†
부유해서 즐기는 삶보다
가난해도 기도하는 삶이 더 좋으며 검소하고
정결한 마음이 훨씬 부자이기 때문입니다

하나님의
풍요를 누리는 부자가 되기를 기도합니다

내 모습 이대로 주 받으옵소서

♬ *나주의 도움 받고자*

♬ 오늘 성가곡입니다.

♣

50년 동안
교회를 다녔지만 가장 특별한 성가대를 세웠습니다

전체 교인이
목사님을 포함하여 평균 8명이 예배를 드리는데
목사님과 저를 제외한 6명의 성도를
통로에 옆으로 한 줄로 세우고

피아노 반주도 없이
유튜브 mr을 앰프에 연결시켜 제가 지휘를 하고
성가를 드립니다

지난해까지는 항상 나 혼자서 특송을 드리다가
올해부터 저의 기도로 이렇게 성가대를
시작했습니다

*호산나 성가대*라는 이름까지 붙이고
내 평생 이런 성가대는 처음이지만
그 어느 성가대를 지휘할 때보다 은혜였습니다

나는 30명 성가대를 지휘할 때보다 더 힘이 넘쳤고
성령의 인도함으로 은혜가 넘칩니다

대중석에는 단 한 명의 성도가 없지만
6~7명의 성도이자 성가대원 모두가 하나님께
마음을 다해 찬양을 드립니다

♣

대부분 사람들은
하나님의 일을 하기 위해 모양을 만들고 준비하여
조건을 갖추어 하려고 합니다

하는 것이 중요하지 / 갖추는 게 중요한 것이 아닙니다
하나님께서는 중심을 받으십니다

성가대 가운 그리고
음악의 화음 등을 받으시는 게 아니라
마음을 다하는 찬양을 받으십니다

찬양뿐만 아니라
우리가 살아가는 모든 일상과 모습이 하나님께서
받으시는 예배의 삶이 되어야 합니다

내 모습 이대로
주님께 드리는 예배가 되기를 기도합니다

너희는 서로 사랑하라
♫ 찬양은 유튜브에 있습니다.

♣

세상의 문화를 즐기게 되면
말 그대로 즐겁지만 영혼은 병이 듭니다

반면 예수의 문화를 즐기면
즐거우면서 영혼이 살아나며 기쁨이 옵니다

하나님이 세상을
이처럼 사랑하사*라고 말씀했는데

세상과 예수를 분리시키면 / 사람은 세상에
속할 수밖에 없습니다

그러면서
예수를 사랑하라고 하고 세상을 부정적으로
말을 하니 어떻게 해야 하나요

♣

세상을 사랑해야 합니다
세상은 하나님께서 만드셨고 우리에게 주셨습니다

♣

그러기 때문에
하나님 사랑으로 세상을 사랑해야 하는 것이지
교인의 문화를 세상에 나타내야 하는 것이 아닙니다

예수의 생명이
세상 속에서 문화로 자리 잡아야 합니다

세상은 분명히 유지되어야 하고
그 속에는 하나님의 사랑이 근본이 되어야 하기에
그리스도인은 하나님의 사랑으로 세상을
유지시켜야 합니다
세상과 이웃을 서로 사랑하는
하나님의 사랑이 세상의 문화로 자리 잡기를
기도합니다

다시 복음 앞에 섭니다

♣

현대의 기독교인들은
이것은 아닌데 *성가 연습도 안 했는데*
기도가 어렵고 *주일 학교 공과 안 봤는데* 등
스스로 하나님 앞에 떳떳하지 못합니다

뿐만 아니라
삶 속에서도 종교적 모습은 나타낼지라도
복음이 나타나는 삶이 아니기에

오히려 사람들에게 심지어 가족에게까지
비난을 받기도 합니다

이런 모습으로
거리에서 나누어 주는 전도지와 전도용품은
사람들에게 어떻게 느껴질지

가정 복음화를 기도하면서도
실제적인 가족의 개인화는 점점 심해져 가고
각각 자신의 생각이 옳고 주장이 강하여
분열은 더 심해지며

자녀들은 예수님보다 세상 문화를 좇아가는 것이
지금 우리의 현상입니다

이러한 상황에서
누구를 가르치고 훈계하며 불평을 가지는 것은
오히려 자신마저 사단에 말려드는 현상입니다

가정 복음화를 기도하고
교회를 섬기는 성도라면 자신부터 철저하게
말씀 앞에 바로 서야 합니다

나 한 사람의 복음화가
가정과 교회를 세우는 통로가 됩니다

복음을 위해 무엇을 하려 하기보다는
자신부터 철저하게 복음 앞에 서기를 기도합니다

담대하라

♪ 찬양은 유튜브에 있습니다.

♣

어느 순간 사단이 나를 지배하게 되니
내 뜻과 욕심이 자꾸 나를 이끌려고 합니다

그 순간만은
자신이 싫어지며 스스로 싸우게 되지만
결국 사단은 주님 앞에 힘을 쓰지 못합니다

하지만 오랜 시간
남은 여운으로 마음을 불편하게 하지만
결국 사단은 두 손 들고 물러갑니다

지나고 나면 결국 아무것도 아닌데
왜 그렇게 싸워야 했을까
어차피 이길 것인데

하지만 같은 싸움이

한 번의 승리로 끝나는 것은 아닙니다

사단이 끊임없이 유혹하고 다가올지라도
주님이 함께하시는 한 / 또 이길 것입니다

스스로는 완전하지 못합니다
자만하지 말고 언제나 주님을 의지하며

사단의 싸움을 두려워하지 말고
담대하게 맞서서 이길 것을 기도합니다

처음부터 마지막까지
🎵 찬양은 유튜브에 있습니다.

♣

〈처음이라〉

처음이라 몰랐습니다
큰아이 때 엄마가 처음이었고 / 군에 보낸 아들도
처음이었고 이렇게 기도한 것도 처음입니다

아무도 나에게 가르쳐 주지 않았고
그저 어른들의 사는 모습을 보고 자랐습니다

나의 부모님들은 믿음을 가지지 않았기에
나도 믿음이 없었습니다

이제 나의 자녀들도
처음 겪는 일들을 마주치게 됩니다

엄마로서 지금껏 믿음의 삶을 보여주지 못했고

그런 상태에서 성인이 되었습니다

그러기에 이제라도
주님과 동행하며 처음 겪는 일이라도 말씀을
따라가야 할 텐데 / 아직은 안내하지 못했습니다

이제 내가 해야 할 일은 자녀를 위한 기도입니다
기도만이 자녀들의 삶을 바른길로
인도할 것입니다

자녀들아
엄마가 처음이라 미안하다
이제라도 너희들을 위해 기도하는 엄마가 될게

엄마 꽃

♬ 노래는 유튜브에 있습니다.

♣

40~50대 엄마들은
대부분 약 20년을 자신의 인생을 포기한 채
엄마로만 살아왔습니다

어느덧
자녀들이 어느 만큼 성장하고 자신을 돌아보니
아줌마 *엄마* *여보* 등 자신의 이름과
삶은 없었습니다

그런 중에도
시댁과 친정을 살펴야 하며 자신의 모든 것을
내려놓은 채 가정과 직장으로 잠시라도
안식의 시간은 없습니다

그럼에도 자신과 가정을 위해
하나님을 섬기며 예배와 기도로 애쓰지만

남편과 자녀는 오히려 핀잔을 주기도 합니다

그러다 보니
믿음 생활 또한 자신을 찾기에 급급하지만
남편과 자녀 또는 부모님을 위한 기도는
놓치지 않고 있습니다

주님
엄마들의 거룩한 삶 자체를 축복해 주세요
잘하고 못하고를 떠나서 예배를 드리고
기도를 하는 삶 자체를 어여삐 여기시고

엄마들의
잃어버린 존재감을 *주님의 딸*로
우뚝 세우는 은혜 허락하시기를 기도합니다

예수가 함께 계시니

♬ 찬양은 유튜브에 있습니다.

♣

In Jesus
예수 안에(전치사+명사)로 뜻을 나타냅니다

이와 같이
사람은 예수 안에서 뜻이 나타나야 합니다

사람이 예수 안에서 나타나지 않으면
길이 아니고 진리도 아니며 생명도 아닙니다

사람은 *예수의 전치사*입니다
내가 예수의 어느 위치에 있는가를 나타냅니다

항상 예수님께서 나의 위치를 말하시며
예수 없는 나의 위치는 없습니다

다만

예수님께서 항상 함께하시니
때로는 느끼지 못할 수도 있지만 항상 계십니다

내가 찾지 않아도
옆에 계시며 도망을 가도 옆에 계십니다

가끔
내가 인정하지 않아서 느끼지도 볼 수도 없지만
항상 나와 함께하시는 예수님입니다
예수 안에 계시기를 기도합니다

주를 기다립니다

♬ 찬양은 유튜브에 있습니다.

♣

항상 함께하던
사람이 오지 않을 때는 애가 탑니다

언제나
내 곁에서 속삭여 주었는데
속삭임이 들리지 않을 때는 과거로 돌아봅니다

그렇게 해서
과거에 잡혀버리면 현재를 잃어버리죠

그러나 다시 과거 속 현재에서
오늘을 살게 되면 현재는 과거 속입니다

주님은 항상 현재에 함께합니다
그러나 현재 주님과 소통이 되지 않을 때는

과거의 주님을 기억하며 과거로 돌아가지만
과거의 주님은 현재에 있기에
소통이 되지 않습니다

주님은
항상 현재에 계시기에 지금도 나는 주님을
기다립니다

하나님 아버지 마음

 찬양은 유튜브에 있습니다.

♣

나는
아빠이고 아버지인데 *아버지이고 싶습니다*
아버지라는 말은 너무 크고 따뜻합니다

30년을
*아빠, 아버지*라 불리었는데 이제서야
아버지가 어떤 존재인지 조금 알 것 같습니다

나는 평생을
아버지를 모르고 살았기에 / 하나님을 아버지라
부르면서도 아버지를 알지 못했지만

자녀를 키우면서 아버지를 알게 되었고
조금씩 아버지가 되어갑니다

아버지는 *사랑 그 자체*입니다

내가 아무리 아버지를 외면해도 아버지는
변함없이 나와 함께하셨습니다

아버지는 희생이고 사랑이며 섬김입니다
한 번도 나를 미워하거나 원망하지 않았습니다

언제나 나를 위해 기도하셨고
기다리시며 살피시고 도움을 주셨습니다

이제
아빠이며 아버지이고 싶은 나도
아버지의 자녀로서 영원히 함께 살아가기를
기도합니다

사명의 길

🎵 찬양은 유튜브에 있습니다.

♣

한평생의
인생이 끝인가 싶었더니 또 다른 시작이었습니다

예수님과 함께
모든 것을 묻어버리고 새로운 삶을 시작하지만
마음에 꺼지지 않은 불씨가 남아
*나*라는 존재를 지우지 못합니다

그러기에 *나*라는 존재를 예수님으로 채운 채
겸손함으로 새로운 시작을 이어갑니다

한 걸음 한 걸음 내딛는 발걸음이
힘들기도 하지만 예수님이 계셔서 때로는
기쁘기도 하고
이 길 끝에는 어떤 *나*가 남을지 모르지만
선택받은 길이기에 주저 없이 갑니다

모세처럼 약속의 땅을 밟지 못할지라도
그 누군가가 들어갈 수 있기에 그들을 위해
기꺼이 기도하며 나아갑니다

이 길은 내가 원하는 길이 아니라
그리스도께서 원하시는 사명의 길이기를
기도합니다

영원한 생명의 주님
♬ 찬양은 유튜브에 있습니다.

♣

사람이
열심히 일을 해서 자신이 번 돈이나
또 어디서 생긴 돈으로 자신을 위해 무엇인가를
구입하게 되면 만족감이 크게 나타납니다

새로운 물건을 소유하는
기쁨과 즐거움 그리고 자신의 만족감으로
잠시 동안 행복을 느낄 수 있습니다

그러나
만족은 잠시뿐 / 심지어 구입한 물건은
시간이 지날수록 낡아지면서 마음이 점점
멀어지게 되며 또 새로운 것에 대한
욕망이나 집착이 생길 수 있습니다

♣

하지만
작은 물질이라도 하나님을 위해 사용한다면
자신에게 남는 것은 없을지라도

오병이어의 기적처럼
많은 사람들과 행복을 나눌 수 있으며
그 기쁨은 자신에게도 점점 크게 나타납니다

물질의 사용을 어떻게 하느냐에 따라
썩어질 것과 / 영원한 것으로 나누어집니다

우리에게 허락하신
하나님의 모든 것들은 *영원한 생명*이며

하나님께서 주신 생명력을
지키고 가꾸며 누리는 것이 성도의 사명입니다
현대사회에서
가장 큰 우상이 되고 있는 물질부터
거룩하게 사용하는 아름다운 성도가 되기를
기도합니다

바다에 뜨는 별
 찬양은 유튜브에 있습니다.

부서져야 하리 ♪
더 많이 부서져야 하리 이생의 욕심이 하얗게
부서져 소금이 될 때까지 ♬

♣

이 찬양은
송해 공원에서 버스킹할 때 오프닝 곡이었습니다

하루에도 몇 번씩
부서져야 하리 하고 찬양으로 외치면서
나에게 스스로 드는 생각은

저 사람은
무엇이 부서질 게 많아 매일 부서지라 하나
하지 않을까 하는 대중을 상상해 보았습니다

♣

나도 나에게 가끔씩
이 정도 부서졌으면 되었겠지 하고 물었습니다

그런데
매일 매일 또 부서지고 있었으며 / 지금도
부서지고 있습니다

참으로 신기한 것은
예전에 부서질 때는 많이 아프고 힘들어서 싫었는데
지금은 부서지는 게 아프지도 않고 즐겁고
기쁘기만 합니다

내가 부서져서 소금이 되어
세상의 부패를 조금이라도 삭일 수가 있다면 하고
생각하면 너무 즐겁고 기쁩니다

부서지고 무너지며 씻긴 나의 영혼의 기도가
사랑의 별 하나 뜨게 하기를 기도합니다

더 아름답게

♬ 찬양은 유튜브에 있습니다.

♣

아름다운 마음으로
세상을 바라보면 아름다움으로 가득 차 있습니다

가끔씩 아름답지 못한 세상이 보이면
아직도 아름답지 못한 내 마음인가 하면서
기도를 하게 됩니다

그러기 때문에
나 자신을 믿을 수가 없어 주님께
이렇게 속삭입니다

♣

내 속에 주님으로만 꽉 차 있다면
아름답지 못한 세상은 보이지 않을 텐데

하나님께서는
세상을 아름답게 창조하시고
또 나를 그분의 형상대로 지으셨는데
왜 나는 아름답게만 볼 수가 없을까

모든 사람들이
세상을 아름답게만 볼 수 있다면 참 아름다운
세상이 될 텐데

매일
그분의 형상을 회복하면서
더 아름다운 마음으로 세상을 보기를 기도합니다

주님께 맡기리라

🎵 찬양은 유튜브에 있습니다.

♣

누구든지
자녀, 건강, 가정, 물질 등 *스스로 지킬 것*이 있으면
하나님 앞에 죽을 수가 없습니다

지켜야 할 모든 것들이
하나님의 것인데 / 자신의 것이라 여기면
하나님을 가까이할 수 없으며

하나님의 것을
자신의 것으로 여기는 순간
모든 것의 주인은 자신이 되고 죄가 되기 때문에
말씀과 기도 그리고 찬양과 예배가
자신의 경배가 됩니다

그러기 때문에
이 모든 것들의 주인은 하나님이라고 믿는 것이

*믿음의 시작*입니다

자신이 지키려 하는 것은 점점 멀어지며
지키려다 자신도 하나님에게서 멀어집니다

그렇다면
지키는 게 아니라 하나님께 맡겨야 합니다
돈을 은행에 맡기고 / 자신과 자녀를 세상에 맡기며
건강은 의사에게 맡기면서
하나님께는 왜 맡기지 못할까요

은행을 믿고 세상과 의사는 믿으면서
전능하신 하나님을 왜 믿지 못하는가요

전능하신 하나님께
모든 것을 믿고 맡기는 믿음이 있기를 기도합니다

그날

🎵 찬양은 유튜브에 있습니다.

♣

세상이 온통
예수님으로 가득한데 왜 슬프고 마음이 아플까

나에겐 아픔이 없는데 왜 아플까
세상이 그렇게 아플까

예수님도 좀 웃으면 좋겠는데
하하하하 이렇게 호탕하게 웃는 것 보고 싶은데

내가 대신 억지로 웃으려 해도
웃어지지를 않네 / 예수님이 내 안에 계셔서일까

예수님을 믿으면 마음이 모두 이럴까
그렇다면 누가 예수님을 믿을까

예수님께서 즐거워서 웃고 기뻐서 춤을 추는

세상이 오면 좋겠는데

사람들만 즐거워하며 웃고 춤을 추지만
정말 즐겁고 기쁠까

세상이 온통
예수님으로 가득한데 모두 웃고 즐거워하며
기뻐하면 좋겠는데 *그날*이 언제 올까

🌿

오늘의 문제는
영원한 미래를 이루는 시간

🎵 찬양은 유튜브에 있습니다.

♣

*어제라는 하루*가
돌이킬 수 없는 시간 속으로 사라졌습니다

어제 내가 무엇을 했든지
지금은 오늘이라는 약속의 시간 속에 있습니다

어제를 돌아보면
무엇을 위해 살았으며 남겼는지
또 오늘은 무엇을 위해 살 것인지 모르지만

지금도
어제와 같은 시간을 보내고 있다면
또 같은 하루가 되지 않을까 생각합니다

결국
자신의 환경과 삶의 리듬에 이끌리는 삶이

인생을 똑같은 시간 속으로 반복게 합니다

현재의 내 모습은
지나간 많은 시간 속에서 하나님을 만나고
또 외면하며 또 그렇게 지금의
시간 속에 있습니다

현재의 시간과 앞으로 다가오는
시간 속의 현재를 어떻게 맞이할 것인지
과거의 시간과는 달리

하나님 안에서
현재의 시간이 영원한 미래로 약속되기를
소망하며 기도합니다

'바램', 노사연
♬ 노래는 유튜브에 있습니다.

♣

우리는
늙어가는 것이 아니라 조금씩 익어가는 것이죠
노사연의 '바램' 가사의 끝 부분입니다

오늘은 참 행복했습니다
언제나 행복을 느끼고 살지만 오늘은 특별했습니다

아침부터
주님과 동행하며 더욱 친밀함을 느끼고
소곤소곤 대화하며 함께하는 하루 동안 잘 익은
인생을 느끼며 만족했습니다

잘 익지 않았을 때는
내가 어찌하면 행복할까 / 행복을 만들려고 했지만
행복은 없었습니다

그때는
예수님을 믿는다 해도 예수님은 없고 나만 있었기에
씨앗을 뿌려도 열매도 작고 잘 익지도 않았는데

이제는
내가 없고 예수님만 계시니 씨앗을 뿌리는 곳마다
잘 익은 열매가 풍성합니다

열매가
너무 풍성해 나누고 또 나누어도 차고 넘칩니다
오병이어의 기적을 알게 되었습니다

우리의 인생에
예수님만 함께 계시면 잘 익은 열매가 풍성합니다

기도의 씨앗을 뿌려
행복의 열매가 풍성한 기쁨 누리기를 기도합니다

두려워 말라 어린 양이여

♬ 찬양은 유튜브에 있습니다.

†

지금 현재 혼자만의
고난과 시련 그리고 아픔과 외로움으로
울고 있는 분을 위해 기도를 올립니다

♣

눈물도 한숨도 나 홀로 씹어 삼키며 ♬
옛날 유행가요 가사의 일부입니다

어릴 적
생각 없이 들었던 노래였는데
오래전 고난 속에서 울고 있을 때 가사의 뜻을
경험하게 되었습니다

마음이
너무 아파서 긴 세월 눈물로 지내다가 어느 순간

마음이 단단해졌습니다

단단해졌다고 하지만
치유가 된 것이 아니라 예수님께 붙잡혔기 때문에
눈물과 한숨을 씹어 삼켰습니다

하지만
그 맛은 정말 씁쓸한 *마라의 쓴물*이었습니다

그런 나를
하나님께서 그리스도를 통해 강하고 부드럽게
만드시고 믿음의 반석 위에 세우시며
*마라의 단물*로 만드셨습니다

누구나
인생의 쓴맛을 느낄 수는 있지만
좌절하느냐 기도하느냐의 결과는 반대 현상으로
나타납니다

예수님과 함께
*마라의 쓴물*을 마신다면 반드시 단물로 변합니다
힘들수록 기도하는 것 잊지 마시고 *오직 믿음*으로
승리하기를 기도합니다

말씀 앞에서

♬ 찬양은 유튜브에 있습니다.

♣

좋아하는 마음과
사랑하는 마음의 차이점은 무엇인가요

좋아하는 마음은
자신의 마음에서 나오기 때문에 좋아하다가
싫어할 수도 있지만

사랑하는 마음은
하나님으로부터 나오기 때문에 미움이 없습니다

그런데
사람들은 사랑한다 말해놓고 미워합니다
사랑한 것일까요 / 좋아한 것일까요
하나님의 *말씀*을 자신의 *말*로 사용한 것이죠

특히 요즘 젊은 연인들이

자기 사랑해 고백하고 한 달 만에 헤어진다면
이게 사랑일까요

세상에는
*사랑*이란 말이 잘못 사용되고 있지요

좋아하는 마음은 바뀔 수가 있고
싫어할 수가 있어서 멀리하면 그만이지만
사랑은 영원합니다

*원수를 사랑하라*는 말씀은
사랑에는 미움이 없다는 뜻이기도 하며
하나님의 사랑을 증명하는 *말씀*이지요

이와 같이
하나님의 말씀을 *자신의 말*로 사용하면서도
말씀으로 사는 사람인 양
자신을 스스로 속이는 자가 아닌가 묵상해 보며
말씀으로 사는 자가 되기를 기도합니다

홍해 같은 환란이

 찬양은 유튜브에 있습니다.

♣

모세가
백성들을 이끌고 홍해 앞에서 길이 없었을 때
바다에 길을 내신 하나님의 역사를 믿으시나요

단순히
*성경에 있는 말씀이니 믿어야 한다*라고
하는 것인지 / 아니면 믿는 것인지
하나님을 믿는다면 당연히 믿어야겠지요

그렇다면
우리의 삶 속에서 홍해 같은 환란을 만났을 때
당황하지 않고 기도하며 하나님의 역사를 보셨나요

누구나 한 번쯤 아니 그 이상으로
어찌할 수 없는 상황을 맞이한 경험이 있었을 것입니다

그럴 때
인간적인 방법을 택했나요 / 하나님께 맡기셨나요

확실히 맡기고 기도하셨다면
지금도 분명히 홍해의 길을 여시고 계신 하나님입니다

나 역시
길이 없어서 흔들릴 때도 있었지만 끝까지 맡기는
믿음으로 홍해의 길을 여시는 하나님을 보았습니다

지금도 우리와 함께하시는 하나님이 계십니다
모든 문제를 어려워하지 마시고 믿음으로 맡기세요

문제가 어려운 것이 아니라 *맡기는 게 어렵겠지요*
맡길 수 있는 믿음에 이르기를 기도합니다

정결한 마음 주시옵소서

🎵 찬양은 유튜브에 있습니다.

♣

요즘에 와서 *내가 정직하게 살고 있나*라고
기도의 마음을 주십니다

여태껏 말씀 안에서
하나님의 인도를 받으며 부끄럽지 않게 산다고
생각하며 그렇게 살아왔건만

지금 자꾸만 하게 되는 기도는
성령인지 아니면 사단의 영인지 구분이 참으로
어려워서 스스로는 아무 결정도 하지 못해
하나님의 인도만을 기다립니다

기도 속에 있는 많은 일들이
나의 선택인지 아니면 / 하나님의 뜻인지 알 수 없어
답답함이 계속되지만 결국 결정을 하지 못합니다

불쑥불쑥 찾아오는 생각들이
나의 것이 아니길 바라며 하나님께 내어놓습니다

이제
남은 생이 요나와 같은 선택이 아니기를 바라며
주님께 간구합니다

주님
지금 내가 말씀 안에 있습니까 아니면
내 생각 안에 있습니까

신실하신 주님
나에게 정결한 마음과 정직한 영으로 새롭게 하시길
기도합니다

허락된 고난

♬ 찬양은 유튜브에 있습니다.

♣

나에게는
평생에 두 명의 원수가 있었습니다
한 사람은 나의 어린 시절을 망쳐버렸고 또 한 사람은
나의 평생을 망쳐버렸습니다

두 사람으로 인해 나의 인생 전체가 망가졌지만
첫 번째 원수는 어린 시절이라 원망과 미움을
평생 동안 가지고 있었습니다

그러던 중
10여 년 전 강원도 동해시에 집회가 있어서 대구에서
동해까지 운전하며 가는 도중 하나님께서 회개와
용서의 마음을 주셨습니다

그리고
두 번째 원수는 원망도 미워도 안 했습니다

왜냐하면
이미 내 마음에는 하나님의 은혜로 미움이나 원망의
마음이 없어졌기 때문에 마음은 아프고 힘들었지만
원망이나 미움은 없었습니다

그 후 하나님께서는
나를 한시도 놓지 않으시고 가르치고 이끄시며
지금까지 이끄셨습니다

그래서
원수를 위해 사랑으로 기도하는 마음까지 주셨고
은혜를 받았습니다

결과적으로는
원수가 오히려 나에게는 가장 큰 은혜가 된 셈이죠

하나님은
사랑하는 자에게는 절대로 손해 보지 않게 하지만

다만 우리에겐 고통과 시련 그리고 연단을 이겨내는
믿음이 부족하기 때문입니다

인내와 믿음은 이미 우리에게 주셨습니다
보석 같은 믿음을 갈고 닦아서

삶의 빛을 낼 수 있기를 기도합니다

내 주의 은혜 강가로
🎵 찬양은 유튜브에 있습니다.

♣

영혼에
말씀이 들어가면 못 견디는 게 사단입니다

은혜를 받는다고 은혜만 나타나는 것이 아니라
사단도 함께 나타납니다

이때 나타나는 사단은
자신의 자아에서 나타나기 때문에
은혜를 받고 나면 옳고 그름을 판단하여 자신의
결론을 가져오게 됩니다

자신의 결론은 사단의 영이므로
은혜는 잠깐이고 다시 사단의 흐름을 타게 됩니다

하지만 사람들은
자신의 옳고 그름의 판단에 의해 나타나는 영이

사단의 흐름이라는 것을 생각하지 않기에
인정하지 않는 경향이 많습니다

대부분의 사람들은 교회 잘 다니고
말씀과 기도 생활 잘하면 은혜의 삶이라 생각하여
자신에게서 나타나는 것이 사단의 영이라
생각하지 않습니다

은혜는 성령에 의해서 나타나며
만나와 같이 매 순간 매일 새롭게 받아먹어야 하며
경험을 축적하여 감정이나 지식으로
나타내어도 안 됩니다

은혜는
매 순간 주님의 임재로만 받을 수 있으며
그러기 때문에 주님과의 지속적인 동행만이
삶의 은혜가 강물처럼 흐르게 됩니다
매 순간마다 주님의 동행으로
은혜가 강물처럼 흐르기를 기도합니다

주님 뜻대로 살기로 했네

♬ 찬양은 유튜브에 있습니다.

♣

지나온 인생에서
*후회*라는 순간이 참 많이도 있었습니다

그때
조금만 더 잘했으면 / 조금만 참았더라면
그렇게 하지 말 것을 등

한 번만 더 기회를 준다면 하지만
지금 똑같은 상황이 온다 해도 또 실수하여
후회하지 않을까 합니다

그때나 지금이나
바르게 한다 해도 내 뜻대로 하기 때문이지요

주님 뜻대로
살기로 했네 주님 뜻대로 살기로 했네 ♬

뒤돌아서지 않겠네 🎵

찬송은 늘 불렀지만
결국 주님 뜻대로가 아닌 내 뜻대로였으며
뒤돌아서서 후회만 하고 있습니다

뒤돌아서지 않는 삶 / 주님 뜻대로 사는 삶
그 삶은 기도하며 주님께 맡기는 삶입니다

누가 그것을 몰라~
마음대로 안 되니까 문제지 합리화로 또
내 뜻대로 살고 뒤돌아서겠습니까

그럼에도 불구하고
주님께 맡기고 주님 뜻 안에서 기도합니다

주님의 사랑

♬ 찬양은 유튜브에 있습니다.

♣

나에게 외면을 당하고
멸시 천대와 모함 속에도 변하지 않고 나를 사랑하는
그분의 사랑은 거룩합니다

아무도 흉내 낼 수 없는 그분의 사랑을 받고도
그 사랑을 외면하는 사람마저도 끝까지 사랑하시는
그분의 사랑 세상 그 무엇보다 귀한 사랑입니다

죽더라도 만나야 할 그분
*예수 그리스도*는 나의 생명이고 사랑입니다

하지만 그 사랑은 나만의 것이 아니며
반드시 나누어야 하고 함께해야 할 사랑입니다

그분의 사랑으로
형제와 이웃을 사랑하는 것이 *새 계명*이며

그리스도인이 반드시 지켜야 할 사명입니다

당신의 영혼에 이 사랑이 없다면
살아도 산 자가 아니며 죽은 자입니다

많은 율법과
착함을 지키는 것보다 더 중요한
그리스도의 사랑이 생명이 되기를 기도합니다

더러운 이 그릇을

♬ 찬양은 유튜브에 있습니다.

♣

〈죄의 열매〉
미움, 시기, 질투, 화, 의심, 부정, 속임, 거짓, 욕심 등
☞ 와 ~ 생각만 해도 무섭다

〈죄의 열매로 일어나는 현상〉
싸움, 분리, 이별, 사기, 살인, 이간질, 폭언, 사치 등
☞ 와~ 생각만 해도 끔찍하다

〈죄의 열매로 나타나는 증상〉
폭력성, 이기주의, 시기와 모함 안하무인, 불안증, 우울증, 공황장애 등
☞ 와~사람이 아니네

그 밖에
건강도 잃고 사람도 잃고 하나님도 잃고
모두 다 잃고 사탄만 남네

☞ 와~ 죽어야겠다

죄로 인해
죄의 열매가 가득하니 성령의 열매가 없네
아무도 좋아하지 않는 죄의 열매를 가득 가졌으니
결국 죽게 되었으니
☞ 와~ 하나님도 좋아하지 않으시겠네

예수 그리스도님
나의 죄를 불에 태워 죽여주세요
이 세상의 고난이 저세상의 지옥보다 나으니
죄를 태우는 고난과 시련을 주세요

내 안에 있는 죄의 열매를 다 태우고
새롭게 *성령의 씨앗* 심기를 원하며 기도합니다

사랑의 송가

♬ 찬양은 유튜브에 있습니다.

♣

천사의 표정으로
천사의 말을 하고 있지만 속에는 악마가 들어 있으니
이는 천사인가 악마인가요

나타나는 것이 천사라서 다가갔더니
천사가 아닌 악마가 나타나네요

악마가
천사의 옷은 입고 세상에 나타났으니
천사를 찾을 수가 있을까요

악마가 천사도 되었다가 / 다시 악마가 되니
도대체 내 마음은 누구의 것일까요

악마는
천사처럼 나타내기도 하지만 악마입니다

천사는
악마처럼 나타내기도 하지만 천사입니다

천사는
사랑으로 나타나고 / 악마는 죄악으로 나타나며
사랑은 예수 그리스도로부터 나타납니다

내 마음에는
예수님과 함께 사랑의 천사가 나타나기를
기도합니다

사랑의 나눔

♬ 찬양은 유튜브에 있습니다.

♣

오래전부터
돈에 대한 개념이 새로워졌습니다
내 통장에 있는 돈은 내 것이 아니라
누군가가 필요할 때 내어주는 것이라 생각했습니다

그러다 보니
내가 가진 돈도 함부로 사용할 수가 없었으며
결국 하나님의 돈이라는 것을 깨닫게 되었습니다

심지어 돈뿐만 아니라
내가 가진 모든 것들을 나누기 시작했고 그러면서
나눔의 기쁨을 알게 되었습니다

참 신기한 것은
가난한데도 자꾸 나누어 줄 것이 생겨 나누어 주고
남은 것은 없지만 마음이 풍성하며 부족함이

없습니다

하나님 말씀에 의지하여
물질을 나누는 것이 마음을 나누는 것이며
사랑을 나누는 것입니다

물질뿐 아니라
재능을 나누고 사랑을 나누는 그리스도인의 삶은
풍성함 그 자체입니다

이제는 그 사랑을 나누기 위해
예수님처럼 생명도 아끼지 않는 사랑을 나누며
주님의 뒤를 따르기를 기도합니다

오직 예수 다른 이름은 없네

♪ 찬양은 유튜브에 있습니다.

♣

올해 저의 여러 가지 기도 중
첫 번째가 저희 교회를 반석 위에 세우는 것입니다

저희 교회에
2022년 1월에 등록하여 4년 차에 접어들면서
지난 3년간 기도하고 열심히 전도했지만
아직 미자립교회라는 상황을 벗어나지 못했습니다

그러나 저는 지난 3년간을 기도하면서
시대적으로 변하는 전도와 교회를 알게 되었습니다

현시대의 답은 *오직 예수*였습니다
예전에는 사람이 *예수 예수* 외치기만 하고
모양과 문화만 있어도 사람들은 관심을 가졌고
어린아이도 어른도 교회로 왔습니다

하지만
현대사회는 문화와 문명의 발달로 아이들조차도
교회에 흥미를 느끼지 않습니다

세상 문화와 문명 속에는 예수의 생명이 없습니다
그러기 때문에 세상을 즐길수록 목이 더 마릅니다

영원히 목마르지 않는 생수 *그리스도*가 답입니다
하지만 성도의 심령에 그리고 가정과 교회 등
어느 곳도 *예수님의 생명*을 찾기 힘듭니다

저는 우리 교회 몇 안 되는 성도지만
지난 3년 동안 성도를 위하여 눈물로 중보기도를
했습니다

그리고 올해 2025년을 응답의 해로 믿고
지난해 말부터 특별기도를 시작하여 교회를 위한
기도가 하나가 되었습니다

이제 모든 성도가 하나가 되어
목양실, 유아실, 교회 간판 등 매 주일마다 함께
우리의 손으로 모두 리모델링을 시작했습니다

단순히
교회를 새로 꾸민다고 부흥되는 것은 아니지만
다만 성전을 성도가 기도로 다시 새롭게 하면서
*성도의 심령*을 새롭게 한다는 기도입니다

나는 매주 외쳤습니다
교회는 *성도 한 사람 한 사람이 예수의 생명*으로
거듭나지 않고서는
*전도와 교회*도 없다는 것입니다

현시대는
*예수 비슷한 것*도 안 되며 *예수와 사람이 섞여도*
안 되며 *생명 없는 모양과 문화*로도 안 됩니다

오직 예수의 이름으로만
자신과 가정이 살며 / 교회가 회복되기를 기도합니다

사명

🎵 찬양은 유튜브에 있습니다.

♣

성도의 *사명*이란 하나님의 명령입니다
명령을 수행하기 위해서는 하나님의 사람이
되어야 합니다

하나님의 사람이란
자신으로부터 완전히 죽고 / 예수로 다시 사는
부활의 생명입니다

다시 산 자만이
사명의 길을 갈 수가 있습니다

아무리 전도를 하고 헌신을 하더라도
부활의 생명이 아니면 자신이 죽은 자라 할 수 없으며
하나님 중심이라 할 수가 없습니다

섬김 또한

자신이 살아 있으면 온전한 섬김이 아닙니다

그리스도와 함께
십자가에 못 박혀 죽은 자만이 부활의 주님과 함께
온전히 섬기는 자입니다

주님과 함께 십자가의 길을 걸으며
복음을 위해 가는 자 / 교회를 세우는 자이며
사명의 길을 가는 자입니다

내가 살아 있으면 주님의 일을 하는 자가 아니며
나는 죽고 예수와 함께 하나님의 뜻을 이루어 가는
사명의 길 가기를 기도합니다

나 가진 재물 없으나

♬ 찬양은 유튜브에 있습니다

♣
〈나눔〉

예전에
경제적 활동을 할 때는 좀 벌기도 했지만 대부분이
가족과 나 자신을 위해 사용하여도
항상 부족한 듯하여 하나님을 위한 드림이나
나눔에 인색한 마음이었습니다

지금은 수입이 없어 훨씬 부족한 형편임에도 불구하고
하나님께 드릴 헌금을 구분하고 그리고
조금이라도 남아 있으면 누군가에게
나눌 수 있는 기쁨이 가장 큽니다

예전에는
통장에 어느 정도 저축이 되어 있음에도 더 가지고
싶었고 항상 부족함을 느꼈지만

지금은 통장이 텅 비어 있을지라도
오늘 일용할 양식이 있고 기도할 수 있음이 기쁨입니다

나는 어려움을 겪을지라도
누군가의 필요에 의해 가진 것을 다 내어주고도
그로 인해 누군가에게 힘이 되고
하나님의 사랑을 나눌 수 있다면 만족합니다

가질수록 부족함을 느꼈던 아쉬움이
나눌수록 풍성해지고 평안한 마음을 갖게 합니다

생수는 흘러가야 생수이지
고여 있으면 썩게 되는 이치처럼
삶은 나눌 때 사랑과 은혜가 강물처럼 흘러갑니다

나 가진 재물 없으나
하나님의 사랑을 가졌으니 사랑과 은혜를 나누는
삶이 되기를 기도합니다

When I dream
♫ 음악은 유튜브에 있습니다.

♣

예수님의 사랑이
커질수록 아름다운 삶의 *꿈*이 더 커집니다

*나의 아름다운 삶의 꿈*이란
세상적인 풍요로움이 아닌 영혼의 풍요로움입니다

영혼 구원의 기도는 더 많이 쌓여가고
기독교인 중에도 죄에서 자유함을 얻지 못하고
구속받는 영혼들을 위해 기도함이 사명입니다

기도는 내가 가지는 마음이 아니라
내 속에서 더욱 커지는 예수님의 사랑을 통하여
하나님께서 주신 기도이므로 그 열매를 볼 때마다
풍성함을 더해갑니다

하나님께서 주신 것은

고난과 기도 그리고 아픔까지 축복이며 사랑입니다

세상에는 하나님께서 주신 것으로 가득합니다
하나님께서 주신 것은 그 무엇이든 은혜이며
풍성한 열매를 맺게 됩니다

우리에게 주신 하나님의 사랑으로
나의 풍요가 아닌 영혼 구원을 통한 기도의 열매로
아름다운 세상과 구원의 기쁨으로 풍성함을
누리기를 기도합니다

아픈 만큼 사랑한다

◆

유튜브에 박 누가 선교사님 다큐 영상을 보고 기도한 것입니다

아픈 사람이
아픈 사람의 마음을 알아줍니다

아픈 만큼 사랑한다 주인공
박 누가 선교사님도 자신의 암 투병을 하면서도
자신이 아파본 만큼 치료하고 사랑한다고
약 30년간 필리핀 오지를 돌면서
환자들을 돌보았습니다

♣

우리나라에는
어릴 적부터 마음에 상처를 가진 분이 참 많습니다

그분들 마음의 상처는
일반적인 사람의 위로로 치유가 되지 않습니다

아파본 사람이
예수님으로 인해 치유 받고 그 예수의 사랑으로
함께 기도하며 예수님께로 안내해야 그분도
예수님으로부터 치유를 받을 수 있습니다

따라서 고난을 모르면 예수님을 알 수가 없듯이
아파보지 않은 사람은 아픔을 모릅니다

사람의 영이
상처를 입게 되면 / 아픔으로 인해 정상적인 영의
활동을 할 수가 없습니다

영의 치유는
예수 그리스도의 사랑으로만 가능합니다
우리는
예수 그리스도의 사랑과 은혜를 입은 자들입니다

그동안
알게 모르게 형제나 이웃에게 상처를 주지 않았는지
명절을 맞이하여 서로의 상처를 보듬어 주며
관계가 회복되기를 기도합니다

똑바로 보고 싶어요

♫ 찬양은 유튜브에 있습니다.

♣
〈기도의 징검다리〉

예수님 안에 담긴 자에게 하나님께서 기도를 주시고
그 기도에 의해 예수님께서 징검다리 돌을
하나하나씩 놓으며 걷게 하셨습니다

징검다리는
한 발 한 발 앞으로 건너야 하며
똑바로 걷지 않으면 물에 빠지게 되지만
잘 디디고 걸으면 반대편으로 건너갑니다

나의 세상에서 하나님 세상으로 건너가려면
그리스도의 징검다리를 건너가야 합니다

하나님께서는
기도와 징검다리인 예수님을 보내주셨습니다

기도와 예수님은 하나님 품으로 가는 길이며
나는 지금 징검다리를 건너서 하나님 품에 왔습니다

건너편 세상과는 너무나 다르며
근심 걱정 없고 고통 또한 없으며 행복만 있습니다

이제 펼쳐질 시온의 대로가 보이기 시작했습니다
시온의 대로에는 교회가 있습니다

교회에는
예수님이 계시고 천사가 가득한 천국입니다

지금
기도의 징검다리를 건너고 계신 분은
주변을 보지 마시고
징검다리인 예수님만 바라보며 한 발 한 발 건너서
예수님의 몸 된 교회로 들어가시기를 기도합니다

하나님 아버지의 마음

♬ 찬양은 유튜브에 있습니다.

♣

사람의 마음은
항상 하나님보다 앞서갑니다
무엇인가를 하려고 마음을 먹으면 과정과 결과를
미리 예측하고 진행을 합니다

스스로 미래를 설정하기 때문입니다
그러기 때문에 마음에 힘(욕망)이 들어가며
평정심(욕심이 없는 상태)을 잃게 됩니다

그러다 보면 현재보다 미래가 더 중요해집니다
부모님들은 자녀의 어린 시절부터 미래를
꿈꾸며 얘기합니다

그러기 때문에
미래의 목표설정에 의해 하나님보다 공부 그리고
문화에 더 집중하여 살아갑니다

문제는 자신이 스스로 설정한 것이며 결론은
자신이 또는 부모가 인생의 주인이 된 것입니다
물론 세상적으로는 당연히 맞는 논리이기는 하지요

하지만
하나님께서 삶의 주인이고 시간의 주인이라면
나의 마음의 힘이 아닌 그리스도의 힘으로
오늘을 살아가는 것이 미래의 말씀으로
완성되어 갈 것입니다

마음은 하나님께서 주신 것입니다
그 마음을 내 뜻대로 사용하는 것이 아니라
하나님의 뜻에 의해 사용되어야 합니다

참 어려운 말이지만 반드시 그렇게 해야 하며
또 그렇게 되기를 기도합니다

예수 내 안에

♬ 찬양은 유튜브에 있습니다.

♣

기독교인이
내용은 예수를 말하는데 나타나는 것은
전하는 사람만 나타납니다

사람이 예수를 말하는 것과
예수가 사람에게 나타나는 것은 다릅니다

사람이 아무리
예수를 공부하고 경험하여도
예수를 말하고자 하는 사람의 지식이나 경험을
자신의 인격 속에서 재해석하여 말하기 때문에
예수가 아닌 사람이 나타나는 것입니다

그러기 때문에 예수를 나타내는 것은
사람이 아니라 / 예수가 사람에게 나타나야 합니다

즉. 성령에 의해서 사람이 어떤 말을 해도
예수가 나타나며 복음입니다

여기서
우리가 반드시 인식해야 할 것은
예수가 내 안에 보혜사 성령으로 내주해야 한다는
사실입니다

지식의 예수가 아닌 /
인식의 예수가 아닌 / 경험의 예수가 아닌 / 반드시
예수 그리스도의 생명인 성령님 내주입니다

항상
성령이 말하고 성령에 의해 삶을 살아가는 모습에
예수가 나타나고 복음이 됩니다

매 순간
내가 예수를 나타내는 것이 아니라
예수께서 나를 나타내는 성령의 사람이기를 기도합
니다

채우소서

♬ 찬양은 유튜브에 있습니다.

♣
욥은
모든 것을 잃었고 / 모두가 떠나고 아무도 없었지만
하나님께서 욥의 생명을 지키고 계셨기에
새로운 복된 삶이 회복되었습니다

아무것도 없는 자와 / 많은 것을 가진 자
아무것도 없는 자는 무엇을 가지려는 마음이 더 크며
그 마음에 들어가는 것이 생명이 됩니다

그 마음에 물질이 들어가면 물질이 생명이 되고
예수님이 들어가면 예수님이 생명이 됩니다

반대로
많은 것을 가진 자는 더 많이 가지려 합니다

돈을 많이 가진 사람은 더 많은 돈을 가지려 하고

권력을 가진 사람은 더 큰 권력을 가지려 하며

예수님의 사랑을 가진 사람은
예수님의 사랑이 더 많이 채워져 나누려 합니다

결론은 비움의 자리에
무엇을 채우기 위해 기도할 것인지
하나님께서 원하는 채움의 기도가 무엇인지

나이를 먹을수록 빈자리가 생겨
예수님을 더욱 사모한다고 하지만 / 그 빈자리에
자신의 애착을 채우려 합니다

신성한 채움은
하나님의 사랑을 나누는 것입니다

예수님의 이름으로 하나님의 사랑이 풍성하게
채워지기를 기도합니다

나의 영혼이 잠잠히
♪ 찬양은 유튜브에 있습니다.

♣

삶 속에 나타나는 모든 현상에는
선택이 따르지만 선택의 순간에서 내가 선택하느냐
성령에 의해 선택되어지느냐는 다릅니다

내가 선택하는 것은 자신이 옳다고 생각되거나
유리한 쪽으로 선택하지만 / 성령에 의한 선택은
모든 상황을 그대로 받아들이게 됩니다

모든 순간을 하나님께 *맡기는 믿음이 신앙*이지요
마지막 선택의 순간을 하나님께 맡기는 믿음
그것이 죽음의 순간일지라도 맡겨야 합니다

세상을 살아가면서 매 순간 선택의 순간이 옵니다
자신의 삶을 위해 선택을 할 수밖에 없겠지요
그럼에도 선택을 맡기는 믿음이어야 합니다

나라에는 국법이 있고
군에는 군법이 있기 때문에 우리는 선택할 권리가
없으며 법을 따라야 하듯이

인간은
하나님의 피조물이기에 말씀을 따라 살아야 합니다
모든 순간의 선택은 말씀이 하십니다

내가 선택을 하는 것은
하나님의 말씀을 거역하는 것이므로 불순종입니다

하나님께서 주신 자유의지는
말씀 안에서 허용되는 하나님과 함께하는 것입니다
선택과 결론을 맡기고 잠잠히 하나님만 바라보는
믿음이기를 기도합니다

주 봅니다

♬ 찬양은 유튜브에 있습니다.

♣

오늘 하루 종일 기도하는 중에
이 제목 저 제목을 수시로 번갈아 가며 올렸는데
하나님께서는 한 가지의 제목에 집중시켰습니다

선교기도회 멤버의 믿음에 관한 기도였습니다
함께 기도하는 2년 동안 변함없는 기도는
모든 멤버들이 이것저것 기도하는 것보다
가장 중요한 기도는 생명입니다

모든 멤버들이 영의 눈을 뜨고
예수님을 눈으로 바라볼 수 있는 생명의 눈입니다

율법을 지키라고 기도하는 것도 아니고
윤리적으로 착하게 살라는 것도 아니며
영의 눈을 뜨고 예수님을 바라보는 기도입니다

눈을 떠야만
자신이 변하고 가정이 변하며 교회가 변합니다
그것이 예수 믿는 이유이며 목적입니다

눈을 뜨면 보입니다
무엇이 생명이고 모양인지 / 성령이고 사탄인지

예수님을 보아야 알고 / 들어야 말할 수 있습니다
상상 속 예수 그리고 느끼는 예수가 아니라
삶 속에서 눈으로 보는 예수 / 귀로 듣는 말씀은
영의 눈을 뜨는 것입니다

영의 눈을 뜨고 예수를 바라보는
우리와 아들들이 되기를 기도합니다

나를 통하여

♬ 찬양은 유튜브에 있습니다.

기독교인 모두가
*예수님 사랑해요*라고 말합니다
그런데 정작 예수님을 피하거나 싫어합니다

정말 예수님을 사랑할까요 아니면
예수님을 사랑한다 하면서 스스로 위로하고
종교성으로 자신을 합리화할까요

믿지 않는 사람들은
예수를 싫어할까요 / *예수 믿는 사람*을 싫어할까요

믿지 않는 사람들은 예수님을 모르기 때문에
좋아하지도 싫어하지도 않겠지만
*예수를 믿는 사람*을 싫어하겠지요

예수를 믿는다고 하는 사람은
*예수 그리스도의 이름*을 사용하기 때문에 성도이며
그에 맞는 책임이 따릅니다

나는 50년을 믿어오면서
예수 믿는 사람들 중에 *예수님을 나타낸 사람*은
단 한 사람도 본 적이 없었습니다

나도 믿지 않는 사람들에게
*예수님을 나타내는 사람*일까 아니면
복음의 방해자일까 묵상해 봅니다

나에게 예수님께서 함께하셔서
나를 통하여 복음이 나타나기를 기도합니다

내가 예수를 못 박았습니다
🎵 찬양은 유튜브에 있습니다.

♣

사람들은
밀물과 썰물같이 예수님에 대한 사랑이 파도처럼
밀려왔다 또 빠져버립니다

밀물이 들어올 때 소라와 고둥 등이 함께 들어와
사람들의 양식이 되어 좋아하지만
깊은 바다와 파도를 좋아하지 않으면서
또 밀물과 썰물을 기다립니다

따라서
사람들은 성령으로 인해 나타나는 은혜나
자신의 유익은 좋아하지만 *예수님*을 좋아할까요

예수님 이름으로
*자신이 높아지고 빛나는 일*에는 생명을 걸고
영광을 자신이 받으려 하고 누리면서

*예수님의 이름이 높아지고 빛나는 일*에
자신이 죽을 수가 있을지 / 즉. 누가 순교할 수 있을지
현시대 그리스도인의 실상입니다

가롯 유다 같은 제자들이 판치는 세상에
예수를 따르는 제자와 전도자가 있을까요

모두 다 *예수, 예수* 이름을 부르짖지만
그 마음에 예수는 없고 자신의 이름과 의가 나타나니

예수님을 상품으로 여기는 이 시대에
가롯 유다는 누구이며
누가 예수님을 못 박았을까요

†
깊은 바다가 있기에 소라와 고둥이 있듯이
예수님이 계시기에 은혜와 사랑이 있다는 것을
왜 모르는지 /
예수님 없이는 아무것도 없는데

사나 죽으나 주님의 것

♬ 찬양은 유튜브에 있습니다.

♣

지금
내가 살아 있다고 느끼는 것은 무엇 때문인지

육신이 살아 있기에 그냥 느끼는 것인지 / 아니면
자신에게 나타나는 그리스도의 생명 때문인지

때로는
죽은 것 같으면서도 산 것 같은 삶을 살아가면서
주님의 이름을 불러봅니다

그리스도의 생명이 없이는
살아 있다는 느낌을 가질 수 없어 때로는 멍하니
죽은 자 같습니다

주님께서 걸어가시는
십자가의 길이 이렇게 외롭고 힘든 줄을 몰랐습니다

어찌하여 걸어오셨고 또 걷고 계신지

그리고
왜 그 길을 나에게도 주셨는지 주님의 뜻을 알면서도
스스로는 갈 수 없기에 주님을 기다리며
영혼을 사랑합니다

†
주님
나의 삶을 위해서는 아무것도 할 수 없어
죽은 자 같으니

한순간도
죽은 자가 되지 않게 쉴틈 없이 말씀하시고
주의 일을 시키시며 온종일 주의 호흡으로
살아 있음을 느끼게 해주세요
나는 주의 자녀입니다
살아도 주의 자녀이며 죽어도 주의 자녀입니다

언제나
주의 말씀 속에서 산 자가 되어
주님과 함께 걸어가기를 기도합니다

예수 그리스도

♪ 찬양은 유튜브에 있습니다.

♣

나는 요즘 기도가 참 많습니다
선교기도회 가족들이 예수님으로 행복했으면 좋겠고
교회들이 생명으로 풍성했으면 좋겠습니다

하루 24시간이 부족할 만큼 위 기도로 꽉 차 있습니다
어떻게 하면 멤버들이 기뻐할까 그리고
기도의 능력을 체험하고 살까

또 어찌하면 교회에 웃음꽃이 넘쳐나는 천국이 될까
온 세상이 예수님의 생명으로 가득 찼으면 좋겠다
참 욕심이 많지요 / 아무 능력도 없으면서

그러나
이 모든 기도를 들어주실 분 그 이름 *예수 그리스도*
하지만 세상은 그분을 믿지 않는다

가끔 *난 어쩌다 예수님에게 이렇게 미쳤을까*
그러면서도 또 예수님만 기다립니다

위의 기도와 마음들이 처음부터 있었던 것은 아닌데
이제는 내 생명이 되었습니다

세상에 모든 것을 다 잃어도 유일하게 남아야 할 이름
예수 그리스도 그 이름으로 세상을 살아가는
우리가 되기를 기도합니다

구주를 영접하라
♬ 찬양은 유튜브에 있습니다.

♣

인내가 필요한 상황이 오랫동안 지속될 때에는
때로는 지치게 됩니다

변화 없는 인내 속에도
주님이 함께 계시기에 지쳐도 기다릴 수 있습니다

하지만
나의 나약함과 바람에서 나타나는 사단의 현상이
가끔씩 나를 힘들게 합니다

나의 바람은
내가 잘사는 것도 아니며 나를 위한 것도 아닌데

주를 위한 일이라도
나의 바람에서 나온다면 기도가 아닌 사단의 마음일까요

주 앞에서 나의 존재는 어디까지 부정해야 하나요
완전히 죽는다
살아 있는데 완전히 죽을 수 있는가

나의 마음과 힘든 고통을 느끼는 것은 본능인데
그것 또한 죄의 본성입니다

본질적으로
죄에서 벗어날 수 없는 곤고한 영혼이
오직 예수 그리스도만을 구주로 영접합니다

✝
주님
나의 소원과 기도는 오직 예수님을 전하는 것입니다
사용하여 주시길 간절히 기도합니다

벙어리가 되어도

 찬양은 유튜브에 있습니다.

♣

꼭 하고 싶은 말이 있는데
주님께서 아신다기에 하지를 않습니다

그러나 너무나 답답함이 밀려올 때는
말을 하고 싶지만 그래도 하지를 못합니다

주님의 뜻을 내가 그르칠까 두려워
아무렇지 않은 듯 익숙해져 버립니다

주님의 일에 내가 사단이 될 수 있기 때문에
나는 끝끝내 입을 닫아버립니다

내가 하고 싶은 말이 있다는 것은
아직도 내가 살아 있다는 증거이므로
더욱더 말을 못 합니다

때로는 주님께서 하신다는 믿음도
나의 뜻일 수가 있기에 아무것도 할 수 없습니다

귀머거리 3년 / 벙어리 3년 / 눈뜬장님 3년
속담이 있지요
나는 이제 7년이 지났는데 아직 2년이 남았네요

이와같이 예수님을 믿는다는 것은
나의 귀 / 나의 입 / 나의 눈을 다 막아버리고
예수님의 귀와 입 그리고 눈을 가져야 합니다

예수로만 사는 나의 인생이 되기를 기도합니다

들어라 주님 음성
🎵 찬양은 유튜브에 있습니다.

♣

너희는 세상의 빛이요
찬양을 드리는데 뜨거운 눈물이 왈칵했습니다

빛은 생명이고 말씀인데
하나님께서 날 보고 *세상의 빛*이라 말씀하시니
시련과 아픔이 얼마나 감사한지요

이 한마디 말씀을 듣기 위해
얼마나 많은 환난을 이겨내었는지
주님께서 안 계셨다면 어찌 *빛*이라 말하겠으며
내 모습 어디 가고 빛을 비추겠는가

찬양을 드리는 내내
*찬양 가사*가 살아서 꿈틀거리는 생명이었습니다

예배가 살아서 숨 쉬고

교회가 살아나며 주님께서 기뻐하셨습니다

예수 그리스도는 생명입니다
심령에 그리고 찬양과 기도에 생명이 살아나고
삶에 복음이 나타나는 생명을 가진 그리스도인

너무나 가슴 벅찬
생명의 삶이 이제 우리에게 함께합니다

이제 선포합니다
나는 그리스도인입니다
하나님의 자녀입니다 *세상을 이겼습니다*

할렐루야 아멘 ♬ 할렐루야 아멘 ♬ 할렐루야 아멘 ♬

십자가의 길

🎵 찬양은 유튜브에 있습니다.

♣

2년 동안 쉬지 않고
복음을 전했던 더 캠프를 부방장님과 함께 시작하여
오늘 새벽에 함께 탈퇴하였습니다

새해 첫날부터 오늘 새벽까지
수없이 많은 악플에 시달리면서도 한마디 말도 없이
그대로 받아들였습니다

지난 10일 동안 비난과 오해 그리고 핍박으로
2년 동안 지켜왔던 자토방의 새벽기도와 취침기도의
섬김이 난도질을 당한 기분이었습니다

무엇보다 안타까운 것은
모두가 예수를 믿는 사람들이라는 점이었습니다

몸과 마음이 만신창이가 된

어젯밤부터 오늘 새벽까지 기도를 하면서
많은 갈등을 느끼며 끝까지 버틸까도 생각했지만

십자가에 못 박힌 예수님도 말없이 그 길을 가셨듯이
나 역시 아무 말 없이 떠날 수밖에 없었습니다

그래도
더 캠프에서 2년 동안 많은 사람에게 복음을 전했고
또한 수많은 기도글로 시집과 기도집 등 책을 출판하고
또 선교기도회까지 허락하셔서 오늘 ○○교회를
선교할 수 있는 길도 열어주셨습니다

새벽에 캠프 탈퇴와 동시에 예비하신
○○교회 선교를 위한 목사님과의 만남을
하나님께서 축복하시며 새로운 사역을
협력할 수 있도록 기도를 허락하셨습니다

그리고
오늘 나는 다시 하나님께 기도를 드렸습니다
선교기도회의 3가지 기도 제목
*군 선교기도 / 교회를 위한 기도 / 가정 복음화*를
위해
섬김의 사명을 다하기를 기도합니다

성도의 길

♬ 찬양은 유튜브에 있습니다.

♣

한 걸음 두 걸음
주님께 가는 길이 험난하기도 하고 외롭기도 하지만
항상 성령님의 인도함이 계셔서 갈 수가 있습니다

아무나 갈 수 없는 길
핍박과 조롱을 당하며 묵묵히 가는 길입니다

비움과 채움의 영이 바뀌면서
평생을 채웠던 마음을 비우고 주님의 것으로 채워가며
겪는 고통 뒤에 평안함을 얻으며 새로운 길을 걷습니다

한 번밖에 없는 인생인데
남들처럼 평범하지 못한 예수 그리스도의 삶을
따라가지는 못하지만 / 그러나 가야 할 길이기에
말없이 따라갑니다

고통이 갑옷이 되어 아픔을 잊은 채
때로는 물고기 뱃속에 있는 느낌이 들지만
그래도 잠시라도 기쁨과 웃음이 있기에
힘이 되기도 합니다

동역자분들의 기도가
하나둘 모여서 힘이 되고 기쁨 되어 또 갑니다

내 앞에 나타나는 모든 환경의 적들을 마주하며
예수 그리스도의 이름으로 승리를 합니다

이렇게
십자가의 길을 가는 것이 생명이고 축복이며
순종하는 성도의 길입니다

나 이제 주님의 새 생명 얻은 몸

🎵 찬양은 유튜브에 있습니다.

♣

2017년 9월 어느 날
대구가톨릭대학 병원에서 나는 심정지로 인해
의사로부터 가족에게 사망선고를 받고
두 시간 만에 다시 심장이 뛰었습니다

편안하게 잠들듯이 눈을 감은 그 순간은
지금도 마음에 생생하게 기억되어 남아 있습니다

그 후 지금까지 하루에 6알의 약을 복용하고
요즘은 감기로 또 6알의 약을 3회 복용하며 하루에
약 24알의 약을 복용하고 있습니다

예전에 어르신들이
집에 많은 약봉지를 두고 매일 먹는 것을 볼 때는
어찌 저 많은 약을 먹고 사나 하면서 남의 일 같았는데

지금은 1년분의 약을 한꺼번에 타 와서
집에 쌓아놓고 먹으면서 삶에 대해 다시 한번
생각하게 되었습니다

2017년
멈추었던 심장을 다시 뛰게 하신 후 지금까지
7년 동안 심장이 뛰는 대신 나의 모든 삶을
멈추게 하셨다

욥과 같은 고난으로 모든 것을 무너뜨리고
기도와 복음 사역에만 길을 여시고
지금까지 건강한 몸으로 주님의 일만 하게
하셨습니다

세상에 대한 나의 가치관은
*오직 예수*로 바뀌고 가난하나 풍요롭고
혼자인 것 같으나 사랑하는 사람이 많아지고
불행이 행복으로 바뀌었습니다

✝
이 글을 쓰는 이유는
요즘 육신의 병을 가지고 고통을 느끼시는 분들이
건강하게 살기를 소망하는 마음으로 전합니다

아픈 데는 반드시 원인이나 이유가 있습니다
나처럼 또는 나사로처럼 죽은 자도 살리셨습니다

여러분들은
아직 살아 있으며 그리고 기도하는 자입니다
이는 여러분들을 사랑하시는 하나님께서 여러분의
고통을 멈추고 건강한 삶을 주시려는 사랑입니다

영이 죽으면 기도도 하지 못하며
영이 살아야 기도도 할 수 있고 육이 살아납니다
기도는 영을 살리는 힘(약)이며 생명입니다

병원에서도 완치하지 못하는 여러분의 영육의 병을
하나님께서 동시에 완전하게 치료하시려는
사랑을 믿으시고 반드시 승리하기를 기도합니다

오늘 나는

♬ 찬양은 유튜브에 있습니다.

♣

사람들은
자신이 받은 상처로 인한 아픔은 생각하지만
나로 인해 상대가 받는 상처는 생각하지 않습니다

내가 누군가로부터 상처를 받고 아플지라도
오히려 그 상처 준 사람을 위해 기도하는 것이
예수의 사랑입니다

나에게 상처를 준 사람은 죄를 얻게 되지만
상처를 받은 내가 오히려 그를 위해 기도할 수 있다면
나는 예수님과 함께하는 은혜자가 됩니다

죄와 은혜 중에
하나를 선택하라면 당연히 은혜를 선택하겠지요
누구든지 이렇게 쉽게 답할 수 있을 것입니다

하지만 실제로 은혜를 선택하기보다는
죄에 빠지게 됩니다

나에게 상처 준 사람을 미워하고 경멸하며 어쩌면
저주까지 하지 않는지 모르겠습니다

이처럼 아무리 착한 사람이라 할지라도
사단의 계략에 넘어갈 수밖에 없습니다

*원수를 사랑하라*는 말씀이 있지요
사람으로서는 도저히 할 수 없지만
내 속에 성령이 거하시면 위 모든 것이 가능합니다

자신에게 *상처를 준 사람을 위해 기도하는 믿음*
원수도 사랑하는 믿음 이런 믿음을 소유하는
그리스도인이 되기를 기도합니다

주님께 속한 자

♬ 찬양은 유튜브에 있습니다.

♣

기도의 응답이라
느낀다 해도 스스로 결론과 행동을 취하지 마세요
*응답이라 느끼는 것*과 *응답*은 다릅니다

응답이라 느끼는 것은
자신의 결론이 들어가기 때문에 응답이 아닐 수 있으며
응답은 하나님께서 결론과 행동을 취하게 합니다

하나님께서 내리는 응답은
결코 나를 좋은 쪽으로만 이끄시는 것이 아니라
말씀의 생명을 통하여 내가 꼭 해야 할 일과
있어야 할 자리를 말씀하십니다

그러기 때문에
응답은 나의 모든 것을 버려야 할 때도 있으며
환란을 겪을 수도 있습니다

그렇지만 응답을 통하여
나의 죄가 하나씩 없어지고 영혼이 살아납니다

기도의 목적은 영혼을 살리는 것입니다
하지만 사람들은 세상에서 잘 살기 위해
또는 고통을 벗어나기 위해 맹목적으로
기도를 하는 분도 있습니다

세상은 하나님께 속해 있으므로
우리가 잘 사는 길과 고통을 벗어나는 길은
하나님께 속하는 것입니다

그럼에도 불구하고
🎵 찬양은 유튜브에 있습니다.

♣

현실 속에서
말씀의 나를 찾는다는 것이 참 어렵습니다
성령의 이끌림을 받는 나와 / 현실에 끌려가는 나
그리고 원하는 나 / 과연 나는 누구인가

사단의 움직임에 반응하는 나를 보며
아직도 내 속에 내가 남아 있는 것을 알고 나니
몸에 힘이 탁 풀려버립니다

그토록 싫어하는
사단의 영이 조금이나마 남아 있다는 것이
또 한 번 나를 초라하게 만듭니다

그러기 때문에
주님 앞에 겸손할 수밖에 없으며
기도할 수밖에 없습니다

어찌하여 사람에게 죄가 들어와
이토록 힘든 길을 십자가를 지고 걸어야 하며
죽음의 길을 가야 합니까

세상은 갈수록 예수님을 핍박하고 외면하니
누가 그 길을 가려고 하겠는가

그럼에도 불구하고
그 길을 가면서 말씀 안에서 나의 존재를 찾을 것입니다

주와 함께 가리라

♬ 찬양은 유튜브에 있습니다.

♣

그들은
기도에 맞추어 함께 가지 않는다

나의 기도는
항상 주님과 함께 가고 있는데
그들은 항상 기도와 비례하지 않고
자신의 길을 가고 있다

결국
예수님과 함께 가지 않는다는 말이다

그러면서도
예수님을 믿는다 하지만
과연 예수님을 믿기는 하는 것인지

하지만

나타나는 모습은 믿음이 없는 자 같다

예수님을 믿는다면 저런 모습은 아닐 텐데
참으로 안타깝기만 하다

예수님께서는
저런 모습을 어떻게 보고 계실까

그냥 내버려두실까
아니면 눈물로 기도하실까

나는 그냥 내버려두고 싶다
예수님께 그냥 맡길 수밖에 없다

그렇지만
지금도 말 없는 기도 속에 있다
주님과 함께 가면 좋겠는데

가을의 속삭임(클래식)

♬ 음악은 유튜브에 있습니다.

♣

내 인생은
가을바람에 날리는 낙엽처럼 이리 뒹굴 저리 뒹굴
나의 의지와 상관없이 하나님에 의해서만 간다

가끔은 내 뜻대로 갔으면 좋겠다 할 때도 있지만
곧 체념해 버린다

어차피 내 뜻은 소용이 없다는 것을 너무 잘 알기에
아무렇지 않은 듯 하나님께 맡겨버린다

다만
가는 길이 너무 힘들지 않았으면 하는 기도와 함께
하나님의 일을 말없이 받아들인다

나에게 기쁨이란
영혼이 살아 움직이는 것을 볼 때다 그 기쁨으로

또 길을 걷는다

가끔씩 사단이 나를 공격해 올 때면
가만히 받아들이며 멈추기만 기다린다
아프지는 않았다 / 다만 싫을 뿐이다

바람이 멈추면 낙엽도 멈추며 잠시 쉼을 취하지만
또 언제 불지 모르는 바람을 기다리듯
항상 성령의 바람을 기다린다

이렇게 평생을 구불다가 하나님 품으로 갈 것이다
인생아~ 하나님 안에서만~

나의 생명 되신 주

♬ 찬양은 유튜브에 있습니다.

♣

일반적으로
예수님을 전하는 것이 *전도*라고 하지요
대부분이 우리는 *전도를 하자*라고 하지만
사람은 전도를 할 수가 없습니다

사람은 예수를 모르기 때문에
모르는 것은 전할 수 없으며 예수께서 사람을
통해 나타내십니다

내가 *예수를 전하자*가 아니라
내 안에 예수님께서 오시기만 하면 전해집니다

예수님은 생명이기 때문에
생명은 저절로 번져가게 되어 있습니다

생명 없는 사람이 아무리 전하려고 해도

사람은 모일 수는 있으나 / 예수는 전해지지 않습니다
누가 나를 보고 예수를 믿겠습니까

예수를 전하자
*예수*는 생명이지만 *전하자*는 사람의 의지입니다

복음은 사람의 의지로는 전할 수가 없습니다
예수가 복음이며 생명입니다

*전도를 하자*라는 의지보다
예수 그리스도의 생명을 영접하는 자가 되기를
기도합니다

주님이 주시는 파도 같은 사랑은
🎵 찬양은 유튜브에 있습니다.

♣

누군가가
나에게 웃는 모습을 보고 싶다 했습니다

나는 몇 년간 웃음을 잃고 살다가
언제부터인가 누군가의 기도로 인해
웃기 시작했습니다

그러나 즐거워서 웃는 것과
따뜻해서 웃는 것은 달랐습니다

즐거운 웃음은 사람이 주는 것이었지만
따뜻한 웃음은 예수님이 주는 것이었습니다

즐거운 웃음은 잠시 왔다 사라지지만
따뜻한 웃음은 영혼을 맑게 하는
*치유의 웃음*입니다

이처럼 웃음 하나에도
세상이 주는 것과 주님께서 주는 것이 다르듯이
주님이 주시는 모든 것에는 생명이 있습니다

나는 그 생명을 여러분과 함께 나누며
기도할 수 있음이 가장 큰 행복이고
따뜻한 웃음입니다

주님께서 주시는
파도 같은 은혜가 우리의 삶을 감싸고 있습니다

주님이 주시는
따뜻한 웃음이 삶 속에 가득 차기를 기도합니다

아빠는 그래도 괜찮아

♣

아빠는 그래도 괜찮아
아빠에게는 소홀하지만 그래도 괜찮아

아빠는 그래도 아무 말 안 해
아빠는 잘하고도 미안하다고 해

아빠는 무슨 죄가 많아서
평생 푸대접받고도 미안하다고 할까

정말 아빠에게 그래도 괜찮을까
나도 나중에 아빠가 되면 같을까

아빠는
우리에게 아무것도 바라지 않아
정말 그래도 괜찮을까

왠지 모르게 마음에 걸리네
나는 아빠에게 아무 보답도 못 했는데

아빠 정말 그래도 괜찮아요
그래 난 아빠이까
하지만 엄마한테는 그러면 안 돼